写真展
「子どもたちの戦後 70 年」
－定点観測者としての通信社－

Photo Exhibition:
Children in the 70 Years Since World War II
– A news agency as eyewitness –

公益財団法人　新聞通信調査会
Japan Press Research Institute

写真展
# 「子どもたちの戦後70年」
―定点観測者としての通信社―
## 開催にあたって

　戦後70年、子どもたちを取り巻く環境も大きく変わってきました。その変化は身近な家庭環境から、毎日通う学校での生活、放課後の遊び、運動やスポーツ競技など、ほとんどすべての分野に及び、一人ひとりの子どもの成長と生き方にさまざまな影響を与えているように感じます。

　高齢者にとっては懐かしい思い出である兄弟姉妹や祖父母を交えた大家族の和やかな団欒風景はすっかり過去のものとなり、近所の空き地や路地裏で楽しそうに遊ぶ子どもたちの姿は、ずいぶん前からほとんど見られなくなりました。その善しあしは別にして、今、日本では、そうした濃密で細やかな人間関係が姿を消すと同時に、親子の温かい触れ合いや家族間の率直な語らい、友達同士の親密な仲間意識が薄れ、子どもたちの引きこもりや貧困、いじめ、といった深刻な問題に繋がっているように見えます。

　その背景には、少子化、高齢化、核家族化、都市への人口集中と地方の過疎化、母子家庭の増加など、戦後の日本が抱えてきた多くの問題が影響しているように思われますが、そんな中で、将来を担う子どもたちが希望を持ち、明るく生きていける社会をどう築いていくか、戦後70年という重要な節目の年を迎え、私たち大人が果たすべき責任と役割は極めて大きいといえます。

　私ども新聞通信調査会は、通信社の役割や報道活動の一端を一般の方々に広く、目に見える形で知ってもらうため、毎年、「定点観測者としての通信社」と題して、その年に合ったテーマの写真展を開催しています。今年は「子どもたち」をテーマに選び、この70年間に通信社が報道活動の現場で撮影した子ども中心のニュース写真を展示、皆さまの参考にしていただくことにしました。私個人はこれらの写真を見て、子どもたちがいつの時代も明るく、逞しく、真剣に生きていることに深い感銘を受けました。

　今回の写真展開催にあたっては、日本の代表的通信社の一つである共同通信社と写真展企画会議、同選定委員会の皆さまの全面的な協力をいただきました。ここに改めて感謝申し上げます。

公益財団法人　新聞通信調査会
理事長　長谷川　和明

Photo Exhibition

# Children in the 70 Years Since World War II

– A news agency as eyewitness –

The environment surrounding Japanese children in the 70 years since the end of World War II has radically changed. The change has spread to virtually all areas, from the family environment to school life and from playing after school to physical exercise and sporting events, affecting the growth and lifestyle of each and every child in many ways.

Elderly people are nostalgic about the relaxed atmosphere they used to feel in their big families with brothers and sisters and grandparents. But such family scenes have become a thing of the past, and it has been quite a long time since children were seen merrily playing in a vacant lot or back alleys in the neighborhood. Setting aside the question of the pros and cons of the current situation, once intimate and friendly human relations have all but disappeared. At the same time, warm interactions between parents and children, frank household chats and an intimate sense of camaraderie between friends have dissipated, leading to serious problems like children's social withdrawal, poverty and bullying.

Some of the reasons behind such phenomena are the declining birthrate, the aging of society, the proliferation of the nuclear family, the concentration of populations in urban centers, the depopulation of the countryside and an increase in fatherless families – problems that have afflicted postwar Japan. Under such circumstances, the responsibility of adults and the role they play are extremely significant on the 70th anniversary of the end of World War II as we set about building a society which can give children hope for the future and enable them to lead a bright life.

The Japan Press Research Institute has held photo exhibitions annually under the subtitle "a news agency as eyewitness" to help the public learn about the workings of a news agency and media coverage by choosing a timely theme for each year. We have chosen "Children" as this year's theme and put news photos of mainly children on display. I was personally impressed by the children in these photos who seem to have lived cheerfully and with great vitality.

The Japan Press Research Institute has obtained the full cooperation of Kyodo News, Japan's leading news agency, and the photo exhibition planning conference and selection committee to hold this exhibition. We really appreciate their cooperation.

Kazuaki Hasegawa<br>
Chairman<br>
Japan Press Research Institute

## 子どもたちの戦後 ① Children in 70 Postwar Years

1945（昭和20）年11月30日、進駐軍兵士の車に群がる子どもたち。マッカーサー連合国軍最高司令官が厚木飛行場に到着したのは8月30日。以来続々と各地に兵士が進駐してきた。「ギブミー」と、チョコレートやガムをねだるなど、子どもは大人と違ってなじむのも早かった

## 子どもたちの戦後 ② Children in 70 Postwar Years

戦後、昭和天皇は国民を慰め、励ますため「地方巡幸」で全国を回った。戦災者が住む横浜市西区の稲荷台共同宿舎では、子どもたちも昭和天皇を見送った ＝1946（昭和21）年2月19日

# 子どもたちの戦後 ③ Children in 70 Postwar Years

終戦から9カ月、食糧事情は悪化するばかり。約25万人が集まった食糧メーデー（飯米獲得人民大会）で「オナカガペコペコ」と訴える＝1946（昭和21）年5月19日、東京・皇居前広場

# 子どもたちの戦後 4　Children in 70 Postwar Years

町の配給所で、米進駐軍からの缶詰を抱えて笑顔の子どもたち。配給制度は米やみそ、砂糖などの食料品や衣料品などの必需品を国民に平等に割り当てる制度。太平洋戦争が始まる前に米の配給制度が始まり、戦後もしばらく米などの統制は続けられた＝ 1946（昭和 21）年 7 月

## 子どもたちの戦後 5　Children in 70 Postwar Years

駅やその周辺の地下道、防空壕（ごう）跡などをたまり場にして生活する戦災孤児たち。「浮浪児」と呼ばれて差別を受け、栄養失調などで亡くなる子もいた＝1946（昭和21）年8月、東京駅

## 子どもたちの戦後　6　　Children in 70 Postwar Years

終戦後の東京の繁華街で大人に交じって靴磨き。家族や家をなくした戦災孤児は多く、靴磨きや金属類を拾うことで生活費を得ていた。厚生省（当時）の1948（昭和23）年2月の調査によると、戦災などによる孤児は全国に12万人以上もいた＝1946（昭和21）年8月1日

## 子どもたちの戦後 7　Children in 70 Postwar Years

満州（現中国東北部）からの引き揚げ孤児たちが東京・品川駅に到着した。両親の遺骨を抱く少女など、幼くして両親を亡くした子どもたちは上野の施設に落ち着き、縁故先などに引き取られるのを待った＝1946（昭和21）年12月5日

## 子どもたちの戦後 ⑧ Children in 70 Postwar Years

東京・上野駅前でアイスキャンデーを売るのは戦災孤児の少年。戦争末期の東京大空襲は疎開中に家族や家を失う子どもたちを急増させた＝1948（昭和23）年5月7日

## 子どもたちの戦後　9　Children in 70 Postwar Years

戦後、スクーターは車の代用品的な役割を担い大衆の足として街を駆け抜けた。子どもたちは手製のスクーターに乗って遊ぶ＝1949（昭和24）年2月19日

## 子どもたちの戦後 10　　Children in 70 Postwar Years

雪が積もった東京。上野公園入り口近くではスキーを楽しむ子どもの姿も＝1950（昭和25）年1月14日

## 子どもたちの戦後 11　　Children in 70 Postwar Years

子どもたちがスキーをしていた東京・上野公園前交差点には、子どもたちに人気のパンダの植栽が設置されている。現在の上野には公園、動物園、博物館、美術館、アメ横商店街など観光客に人気のスポットが集まる＝2015（平成27）年6月

## 子どもたちの戦後 12  Children in 70 Postwar Years

日曜日の東京・上野動物園では「お猿の電車」が大人気。後年には新幹線型の車体も登場し、屋根にはサルの運転席ができた。1948（昭和23）年以来多くの子どもたちを楽しませたが、1973（昭和48）年に動物の愛護及び管理に関する法律が制定され、「サルに多大な負担をかける」との判断から翌1974（昭和49）年に廃止された＝1950（昭和25）年3月12日

## 子どもたちの戦後 13  Children in 70 Postwar Years

昭和を代表する歌手の美空ひばりさん。「天才少女」として人気者になり、12歳のときに渡米、約2カ月にわたりハワイや西海岸各地で公演した。ロサンゼルスではテレビに出演、司会者に抱き上げられ歌う美空ひばりさんと伴奏の川田晴久さん＝1950（昭和25）年7月

## 子どもたちの戦後 ⑭ Children in 70 Postwar Years

かき氷の出来上がりを楽しそうに待つ。ハンドルを回すと雪のような氷がさらさらと落ち山盛りになった。イチゴにメロン、みぞれに金時、色とりどりのシロップの甘さが口中に広がった＝1951（昭和26）年6月5日

## 子どもたちの戦後 15　Children in 70 Postwar Years

洗濯物や布団でいっぱいの団地の前を元気に遊び回る。東京都新宿区の都営戸山アパート。戦争で焼け野原となって住宅不足に陥った東京に鉄筋の集合住宅が建ち始めたのは1948（昭和23）年から。ガス、水道に水洗トイレが完備したあこがれの住宅だった＝1955（昭和30）年4月5日

## 子どもたちの戦後 16　Children in 70 Postwar Years

戦後の都営戸山アパートが建て替えられ、高層住宅になった百人町のアパート＝2015（平成27）年5月、東京都新宿区

## 子どもたちの戦後 17　Children in 70 Postwar Years

口腔（こうくう）衛生週間（現、歯と口の健康週間）に合わせて、東京の明治神宮外苑競技場で行われた「学童歯磨訓練大会」には、都内の小学生、幼稚園児約4万人が参加した＝1956（昭和31）年6月4日

## 子どもたちの戦後 18　Children in 70 Postwar Years

1957（昭和32）年、人気漫画「赤胴鈴之助」がラジオドラマになり、ラジオ東京（現TBS）で放送が始まった。江戸を舞台に少年剣士が活躍するドラマは主題歌とともに子どもたちに大人気になった。収録風景左端は子役としてデビューした小学生の吉永小百合さん。左へ赤胴鈴之助役の横田毅一郎さん。右から2人目は藤田弓子さん（TBSラジオ＆コミュニケーションズ提供）

## 子どもたちの戦後　19　Children in 70 Postwar Years

米国で大流行した「フラフープ」が日本でも発売された。爆発的なブームとなり、空き地や路上で競うように「くるくる」回して遊んだ＝1958（昭和33）年11月、東京都中野区

## 子どもたちの戦後 ⑳ Children in 70 Postwar Years

東京・新宿の百貨店で開催された「子供科学展」にロボットが登場し目を輝かせる。無線操縦で歩行するロボットを見ながら空想の夢を膨らませるのは「鉄腕アトム」か「鉄人28号」か＝1960（昭和35）年8月23日

## 子どもたちの戦後 ㉑ Children in 70 Postwar Years

東京の下町、錦糸町駅近くの路上でゴム跳び。車の少ない路地裏や空き地は石蹴り、隠れんぼ、鬼ごっこなど集団で遊ぶ子どもであふれていた＝1964（昭和39）年4月28日

## 子どもたちの戦後 22  Children in 70 Postwar Years

路上で元気いっぱいにバレーボール。連載少女漫画でテレビ番組化された「アタックNo.1」や「サインはV」が放映されると、幅広い年齢層の支持を受けバレーボール人気が高まった＝1970（昭和45）年1月30日、東京都足立区

## 子どもたちの戦後　23　Children in 70 Postwar Years

1972（昭和47）年4月23日、春闘の賃上げ要求で私鉄大手7社の労働組合が24時間ストに突入した。日曜日とあって、電車が来ない線路上にござを広げてままごと遊び。好奇心あふれる子どもはどこでもすぐ遊び場にしてしまう＝東京都墨田区

## 子どもたちの戦後　24　Children in 70 Postwar Years

路上でローラースケート。人気テレビ番組「日米対抗ローラーゲーム」がブームに火を付けた＝1974（昭和49）年1月27日、東京都台東区

## 子どもたちの戦後 25　Children in 70 Postwar Years

信号待ちの外車を道路中央で取り囲み写真撮影。警察はパトロールを強化しながら学校や家族とも連絡を取り、危険な撮影をやめるよう厳しく指導した＝1977（昭和52）年3月、大阪市南区

## 子どもたちの戦後 26　Children in 70 Postwar Years

1983（昭和58）年、ファミコン（ファミリーコンピューター、左側）が発売された。家庭用ゲーム機として爆発的な人気となった＝1985（昭和60）年、東京・原宿

21

## 子どもたちの戦後 27　Children in 70 Postwar Years

全日本実業団卓球選手権大会のエキシビションマッチで、妙技を披露する福原愛ちゃん。この日、5歳の少女はかつての世界女王、江口富士枝さんに敗れた。18年後、ロンドン五輪卓球女子団体で〝うれしい〟銀メダルを獲得した＝1994（平成6）年6月30日、大阪府立体育会館

## 子どもたちの戦後 28　Children in 70 Postwar Years

（左）フィギュアスケート競技大会に出場、水色の衣装でかわいらしい滑りを披露する秋篠宮家の次女佳子さま。学習院初等科4年の9歳＝2004（平成16）年4月4日、東京都新宿区の明治神宮アイススケート場　（右）20歳の誕生日を迎えられた秋篠宮家の次女佳子さま。天皇、皇后両陛下へのあいさつを終え、ティアラとローブデコルテの正装で記念撮影＝2014（平成26）年12月29日、宮殿・西車寄

# 学ぶ 1　Learning

太平洋戦争中の空襲で校舎が焼けた国民学校は青空教室で授業。雨の日は自宅で学習する生活がしばらくの間続いた。国民学校は 1941（昭和 16）年に従来の小学校を改組して設置された。初等科 6 年間が義務教育とされ、高等科が 2 年間。戦後の学制改革で廃止された＝ 1945（昭和 20）年 9 月 25 日

## 学ぶ 2 Learning

国民学校の始業式の日にパンの「1日給食」。学童疎開で結ばれた埼玉県熊谷市の国民学校から贈られた麦などを加工したパンを手に笑顔いっぱい＝1946（昭和21）年9月2日、東京都京橋区（現中央区）の京華国民学校

## 学ぶ 3　Learning

小学校6年、中学校3年の「6・3制」の義務教育の学校制度がスタート。入学式に出席した新入生＝1947（昭和22）年4月

## 学ぶ 4　Learning

ユニセフ（国連児童基金）から粉ミルク（脱脂粉乳）の援助を受けて学校給食が行われた。深刻な栄養不足に陥った日本の子どもに対する援助で、大鍋で溶かしバケツで教室まで運んだ。地域によって違いはあるが、1960年代中ごろから粉ミルクは牛乳に切り替わっていった＝1949（昭和24）年10月17日

## 学ぶ 5　Learning

給食の時間に笑顔。9月の新学期から東京、大阪、名古屋など8都市の小学校の児童約130万人に対し、米国から寄贈された小麦粉を使い完全給食が始まった。パン、ミルク、副菜の給食で、1日の必要カロリーの3分の1が確保された。1952（昭和27）年から全国に拡大された＝1950（昭和25）年9月4日、東京都中央区の東華小学校

## 学ぶ 6　Learning

　教室が空くのを廊下で待つのは仙台市の小学校の児童。戦後間もないころに生まれた子どもが増え、教室不足となった小学校では授業を午前と午後に分け、一つの教室を交互に使う二部授業で対応した＝1953（昭和28）年5月4日

## 学ぶ 7　Learning

　閉校を前に最後の卒業式が開かれ、100年以上前に建てられた木造校舎の前で記念撮影する岡山県高梁市立吹屋小学校の児童。全校児童が10人以下の年が続き、閉校が決まったもの。吹屋小は市内の別の小学校と統合、校舎は保存されることになった＝2012（平成24）年3月20日

## 学ぶ 8　Learning

みんなでうがい。インフルエンザの「アジア風邪」が猛威を振るい全国で休校が相次いだ。新聞には「流感、全国250万人に」の見出しが載り、世界で約200万人が死亡したとされる＝1957（昭和32）年

## 学ぶ 9　Learning

三重県四日市市の石油化学コンビナート地帯の大気汚染公害で、コンビナートに隣接する小学校の児童はマスクを着けて登下校。工場が排出する亜硫酸ガスなどがぜんそくなどを引き起こした＝1967（昭和42）年1月17日

Disasters/Prayers

カスリーン台風が記録的な豪雨を降らせ、関東では河川の堤防決壊などで広大な地域が洪水となった。子どもたちは腰まで水に漬かり、飲み水を水筒や瓶に詰めて運んだ＝1947（昭和22）年9月、東京都葛飾区亀有

## 災害・祈り  Disasters/Prayers

カスリーン台風被災者への募金活動で街頭に立つ。台風は関東や東北地方を襲い、河川の堤防決壊などで死者・行方不明者は1930人に上った＝1947（昭和22）年9月29日、東京・銀座

## 災害・祈り　3　　Disasters/Prayers

原爆の日を迎え、爆心地近くの浦上天主堂で開かれたミサで平和を祈る＝1984（昭和59）年8月9日、長崎市

## 災害・祈り　4　　Disasters/Prayers

阪神大震災で校舎が被害を受けたため、ビニールが張られた校庭のテントで授業を受ける中学生＝1995（平成7）年2月8日、神戸市東灘区の本山中学校

## 災害・祈り　5　Disasters/Prayers

阪神大震災発生から35日ぶりに授業が再開され、校庭に張られている避難テントの横で朝礼が行われた＝1995（平成7）年2月21日、神戸市兵庫区の会下山小学校

## 災害・祈り　6　Disasters/Prayers

原爆犠牲者の慰霊と平和への願いを込めて原爆ドーム前の元安川に流された灯籠と、手を合わせる子どもたち＝2010（平成22）年8月6日、広島・平和記念公園

## 災害・祈り　7　Disasters/Prayers

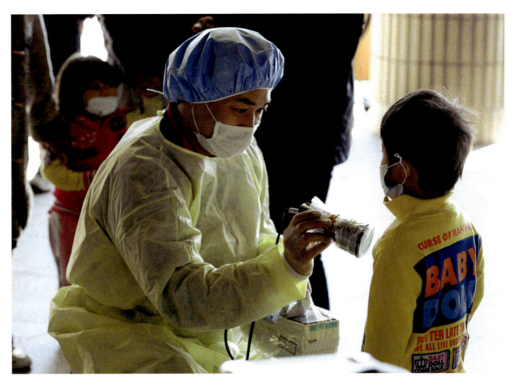

東京電力福島第1原発の事故を受け、放射線量の測定検査を受ける子ども＝2011（平成23）年3月18日、福島市

## 災害・祈り　8　Disasters/Prayers

東日本大震災の地震で校舎の一部が破損した仙台市立西多賀小学校が、体育館を段ボールで間仕切りして仮設の教室を設置した。5年生と6年生計6クラス、約200人が授業を受ける＝2011（平成23）年4月19日、仙台市太白区

災害・祈り　9　Disasters/Prayers

東日本大震災発生から3カ月。宮城県石巻市の日和山では、地震発生時刻に子どもたちががれきが残る街に向かい手を合わせた＝2011（平成23）年6月11日午後2時46分

## 祭り・イベント 1 Festivals/Events

浜辺でスイカ割りを楽しむ親子連れや若者たち＝1948（昭和23）年7月、神奈川県・江の島

## 祭り・イベント 2 Festivals/Events

1948（昭和23）年7月、早起きして夏休みの体操会に参加した子どもたち。このころNHKの「ラジオ体操」は放送が中止されていた。終戦後の日本を管理した連合国軍総司令部（GHQ）に「ラジオ体操は戦時中の政策に利用された」と問題視され、そして制定された新ラジオ体操が難しく、普及が進まなかったことなどが理由。現在の「ラジオ体操第1」は1951（昭和26）年5月に放送が始まった＝東京・虎ノ門

## 祭り・イベント 3 Festivals/Events

子どもたちが参加した「早起き体操会」が行われた東京・虎ノ門の通り。現在は霞が関の官庁街に近い有数のビジネス街に＝2015（平成27）年5月

## 祭り・イベント 4 Festivals/Events

東京都台東区の下谷公会堂にクリスマスプレゼントの紙芝居がやってきた。テレビがなかった時代、自転車できて拍子木に集まる街頭紙芝居は子どもたちの最大の楽しみだった。紙芝居屋さんはこのころ全国に5万人もいたという＝1950（昭和25）年12月25日

## 祭り・イベント 5　Festivals/Events

音楽教室の生徒が全国から集まってバイオリンのマンモス演奏会を開催＝1957（昭和32）年3月31日、東京都体育館

## 祭り・イベント 6　Festivals/Events

横綱栃錦関に一斉にぶら下がるのは、栃錦関に招待された養護施設の子どもたち。若乃花（初代）との2強による「栃若時代」がスタートしたころで、人気絶頂の横綱との〝対戦〟に稽古場は笑いに包まれた＝1958（昭和33）年6月2日、東京都墨田区の春日野部屋

# 祭り・イベント　7　Festivals/Events

東京の浅草から上野にかけて練り歩く「かっぱ祭」の山車に登場したのは「正義の味方　月光仮面」。悪を懲らす主人公は白いターバンにサングラス、白装束姿。前年から始まった連続テレビ映画のヒーローが人気絶頂だった＝1959（昭和34）年8月21日

## 祭り・イベント　⑧　Festivals/Events

子どもたちに囲まれ笑顔の巨人の王貞治選手。2年連続の三冠王に輝き、プロ野球選手最高の栄誉とされる最優秀選手に選ばれた。王選手は引退までに最優秀選手に9度選ばれ、本塁打王は15度で、通算868本塁打の大記録を打ち立てた＝1974（昭和49）年10月24日、巨人多摩川グラウンド

## 祭り・イベント 9 Festivals/Events

機首部分に目と口が特別に描かれたジャンボ機と歓声を上げながら綱引きする小学生。最初に約200人で引いてもびくともしなかったが、招待された400人全員で力を合わせると大きな機体がスルスルと動き、会場は拍手と歓声に包まれた。「空の日」記念事業の一環＝1996（平成8）年9月20日、成田空港

## 祭り・イベント 10 Festivals/Events

野球教室で、米大リーグ・ヤンキースの松井秀喜選手とランニングするのは全国から集まった少年少女100人。2003年に巨人から米大リーグに移籍した松井選手はヤンキース、エンゼルス、アスレチックス、レイズで計10年プレーした。ヤンキース時代の09年にはワールドシリーズ制覇に貢献し、同シリーズの最優秀選手（MVP）に選出された＝2004（平成16）年1月10日、東京ドーム

## 祭り・イベント 11　Festivals/Events

サッカーJ2横浜FCが、盛岡市での親善試合に、東日本大震災被災地の子どもたちを招待した。試合前、三浦知良選手（中央）と手をつないでミニゲームをする＝2011（平成23）年4月17日

## 祭り・イベント 12　Festivals/Events

街中に連なる約360段の石段で知られる伊香保温泉の「石段ひなまつり」で、ひな人形姿で登場した地元の保育園児たち＝2013（平成25）年3月2日、群馬県渋川市

## 海外の子どもたち　1　Children Abroad

1975年の独立以来、短期の停戦を挟んで27年間も続いた内戦が2002年に終結したアンゴラ。内戦で破壊され遺棄された戦車で遊ぶ＝2004年11月16日、アンゴラ中部のクイト郊外

# 海外の子どもたち　2　Children Abroad

パキスタン地震で壊滅的な被害を受けた同国北東部ムザファラバード郊外で、食料配給のトラックに向かい、泣きながら手を出す少年＝ 2005 年 10 月 14 日

## 海外の子どもたち　③　Children Abroad

男子ゴルフのマスターズ・トーナメント開幕前日恒例の「パー 3 コンテスト」でキャディーを務める＝ 2008 年 4 月、米ジョージア州のオーガスタ・ナショナル GC

# 海外の子どもたち　4　Children Abroad

四川大地震の被災地で、ボランティアに抱えられ、避難する女児＝ 2008 年 5 月 16 日、中国四川省綿陽市北川県

## 海外の子どもたち　5　Children Abroad

ケニアの首都ナイロビ中心部から数㌔にあるキベラ・スラムでごみをあさる。アフリカ最大規模のスラムには数十万人が暮らす＝2010年9月

## 海外の子どもたち　6　Children Abroad

インドネシア・首都ジャカルタの旧市街コタ地区。川に積もった純白の雪の上で船遊び—ではない。雪に見えるのは、工場排水や生活排水による泡状の汚染物質。人口が急増するジャカルタでは上下水道の整備が急務となっている＝2010年

## 海外の子どもたち　7　Children Abroad

太平洋にある常夏の国マーシャル諸島のビーチでサーフィン。よく見るとボードは本物ではなく、どこにでもある廃材の板切れ。でも打ち寄せる波にタイミング良く乗る姿は、しっかり様になっている。気分はもうプロサーファー？ = 2011年

## 海外の子どもたち　8　Children Abroad

2012年7月、南スーダンの白ナイル川で洗濯し、体をくねらせて絞る子どもたち。南スーダンは1983年から2005年までに約200万人が犠牲となったスーダン南北内戦を経て、2011年7月にスーダンから分離独立したアフリカ54番目の国。しかし2013年末から政府軍と反政府勢力の武力衝突が続く

# 海外の子どもたち　9　Children Abroad

バングラデシュの首都ダッカにある線路脇のスラム。住民たちは線路に座ってくつろぎ、子どもたちがボール遊びをしていた。廃線かと思い、てくてくレールの上を歩いていると「列車が来る。離れろ」とばかりに、身ぶり手ぶりをする男性が。列車が通り過ぎるとまた、線路はだんらんや遊び、商売の場に戻った＝ 2013 年

## 海外の子どもたち 10　Children Abroad

台風30号で壊滅的な打撃を受けたフィリピン・レイテ島タクロバンで、大人に交じってがれきを片付ける男の子。死者・行方不明者は約7400人に上った＝2013年11月16日

# 海外の子どもたち  11  Children Abroad

インド南部のケララ州で、通学用の小さなトラックに小学生がぎっしり。おそろいの制服を着てみんな元気いっぱい。ケララ州政府が初等教育の普及に力を入れてきたため、識字率はインド国内で最も高い水準にある＝ 2013 年

## 海外の子どもたち　12　Children Abroad

中国、ロシアと国境を接する北朝鮮北東部の経済特区、羅先（ラソン）市内で、訓練用に模造した木製の銃を手に、すれ違う車に手を振る＝ 2014 年 3 月

## 海外の子どもたち　13　Children Abroad

ミャンマーの首都ネピドーで「ご注文の料理」を運ぶ女の子。空き缶のふたやおわんに入れた、おがくずで作ったごはんは大盛り。満面の笑みに塗られたのは白い落書き？実はタナカと呼ばれる伝統的な日焼け止めで、女性にとってはファッションのひとつ。だから顔に描くデザインは子どもの頃から思い思い。路地裏に、おしゃれな彼女たちがままごとをする声が響く＝ 2014 年